Dados Internacionais de Catalogação na Publicação (CIP) de acordo com ISBD

C197c	Campling, Hannah.
	Contos animais / Hannah Campling ; Stephanie Moss ; Daisy Edwards ; ilustrado por Lee Cosgrove ; Maxime Lebrun ; Heather Burns ; Caroline Pedler ; traduzido por Monique D'Orazio. - Jandira, SP : Ciranda Cultural, 2024.
	96 p. : il.; 25,00cm x 25,00cm. - (Tesouros literários).
	Título original: My Treasury of Animal Stories
	ISBN: 978-65-261-1685-2
	1. Literatura infantil. 2. Aventura. 3. Contos. 4. Leitura. I. Moss, Stephanie. II. Edwards, Daisy. III. Cosgrove, Lee. IV. Lebrun, Maxime. V. Burns, Heather. VI. Pedler, Caroline. VII. D'Orazio, Monique. VIII. Título. IX. Série.
2024-2045	CDD 028.5
	CDU 82-93

Elaborada por Lucio Feitosa - CRB-8/8803

Índice para catálogo sistemático:
1. Literatura infantil 028.5
2. Literatura infantil 82-93

© 2023 Igloo Books Ltd
Primeira edição impressa no Reino Unido por Igloo Books
Texto: Hannah Campling, Stephanie Moss e Daisy Edwards
Ilustração: Caroline Pedler, Heather Burns, Maxime Lebrun e Lee Cosgrove
Design: Darcie Abraham
Edição: Eleanor Hemsley

© 2024 desta edição:
Ciranda Cultural Editora e Distribuidora Ltda.
Editora: Elisângela da Silva
Editora-assistente: Layane Almeida
Tradução: Monique D´Orazio
Preparação de texto: Vanessa Almeida
Revisão: Adriane Gozzo e Lígia Arata Barros
Diagramação: Andressa Cristina

1ª Edição em 2024
www.cirandacultural.com.br

Todos os direitos reservados. Nenhuma parte desta publicação pode ser reproduzida, arquivada em sistema de busca ou transmitida por qualquer meio, seja ele eletrônico, fotocópia, gravação ou outros, sem prévia autorização do detentor dos direitos, e não pode circular encadernada ou encapada de maneira distinta daquela em que foi publicada, ou sem que as mesmas condições sejam impostas aos compradores subsequentes.

Você e eu, para sempre 4

A gatinha Cacheada 27

A bondade da ursa Lili 51

O zoológico mágico 75

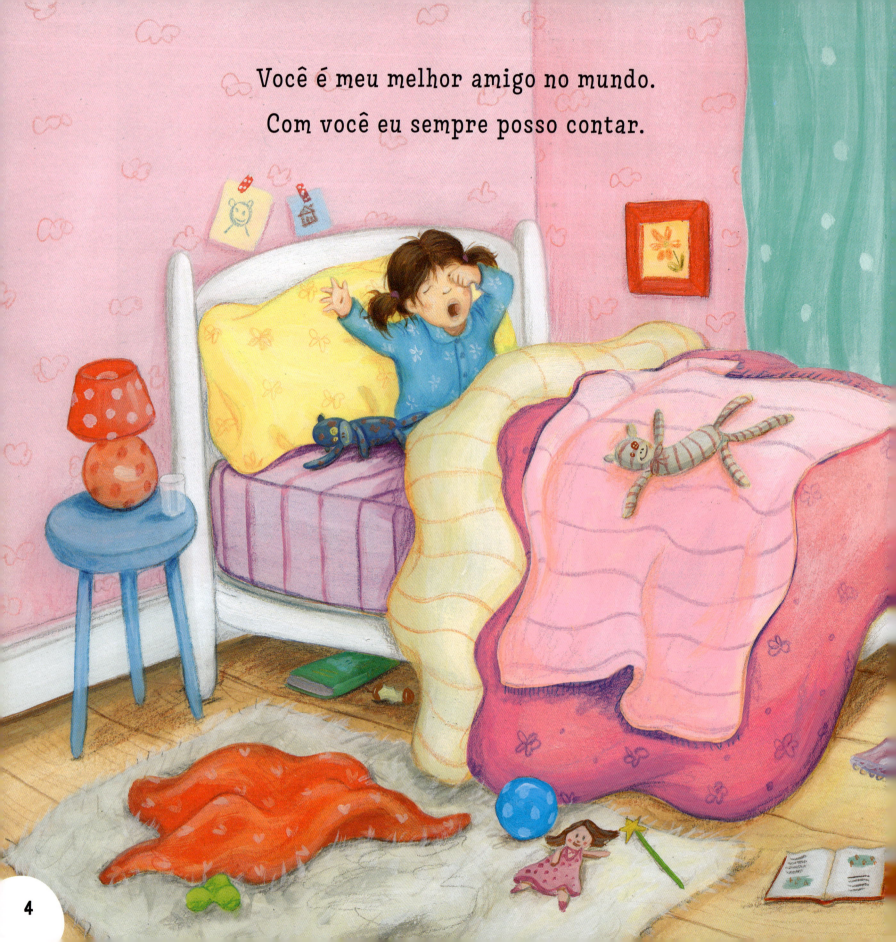

Você é meu melhor amigo no mundo.
Com você eu sempre posso contar.

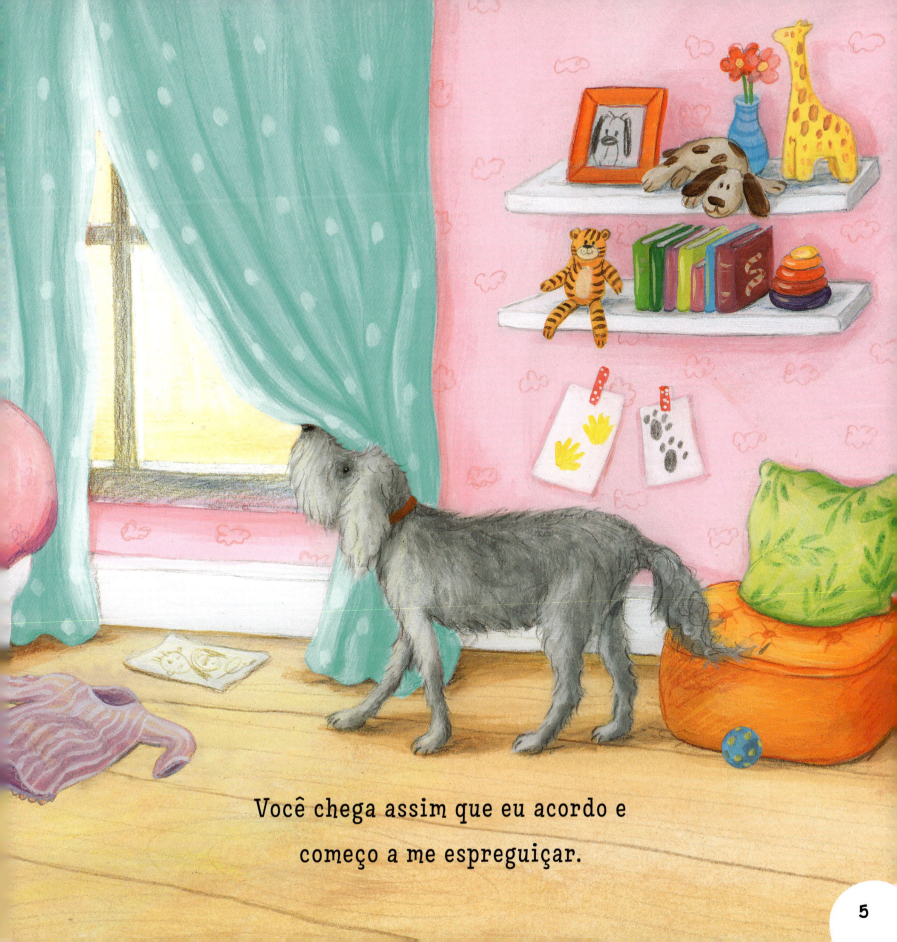

Você chega assim que eu acordo e começo a me espreguiçar.

Meus momentos favoritos são de brincadeiras em um dia ensolarado.

Nós somos diferentes,
mas eu me divirto muito ao seu lado.

Sei que às vezes você prefere passear ou correr atrás da bolinha,
mas você é gentil, brinca comigo e nunca me deixa sozinha.

Vemos coisas maravilhosas quando nós dois saímos para explorar.

Queria que as brincadeiras nunca tivessem hora para acabar.

Você é forte e corajoso e não tem medo de nada.
Com você comigo, estou pronta para qualquer jornada.

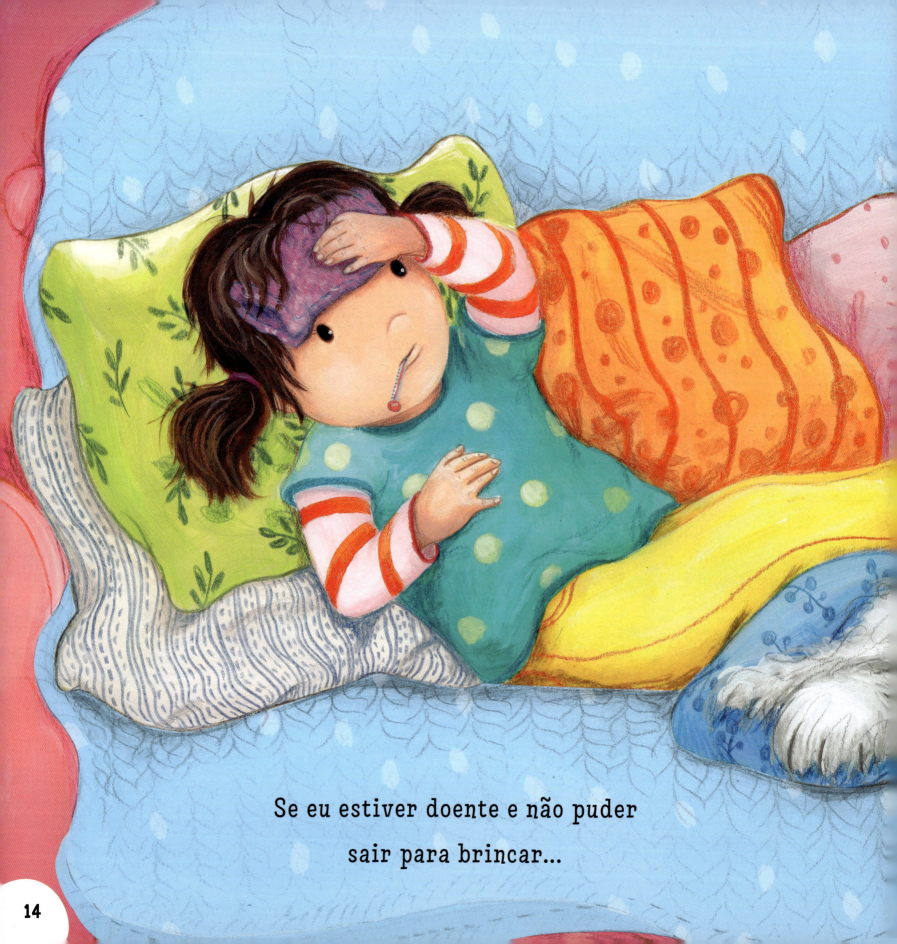

Se eu estiver doente e não puder sair para brincar...

... ficamos aconchegados até eu me recuperar.

Às vezes, quando estou chateada
ou me sinto meio dividida,
seus lambeijos me mostram que sou querida.

Eu te conto minhas preocupações e meus maiores segredos.

É só em você que confio para acalmar meus medos.

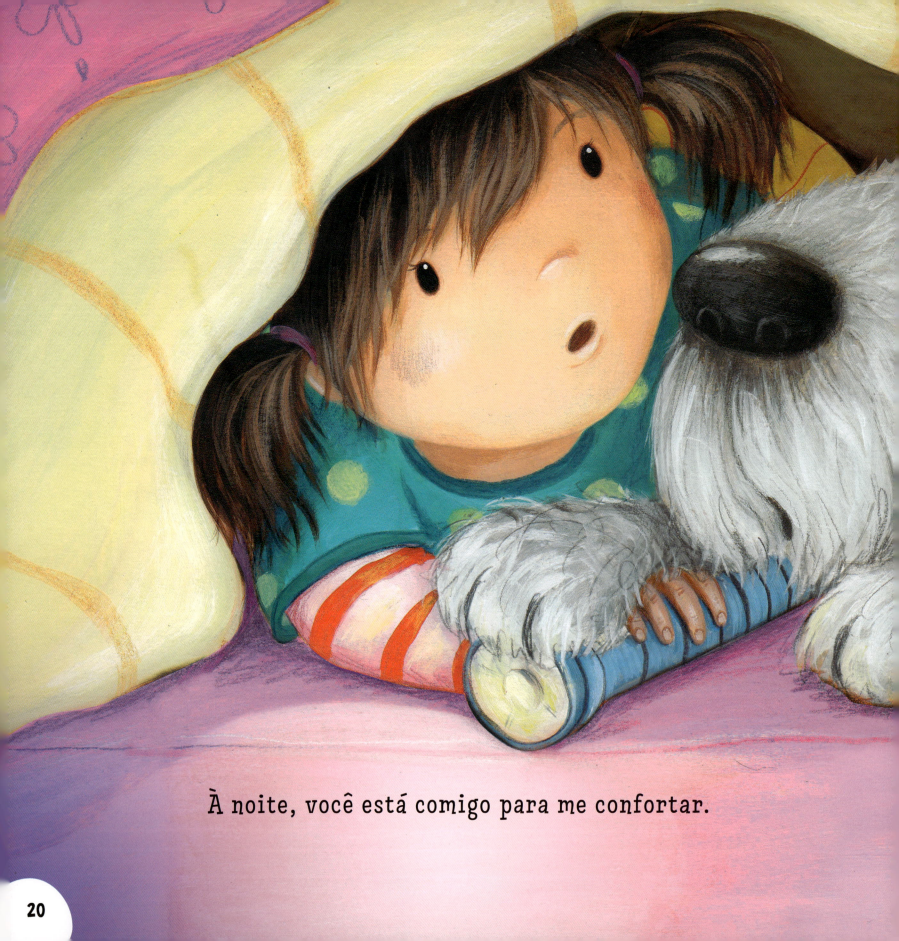
À noite, você está comigo para me confortar.

Quando está escuro e é hora de dormir,
é do seu lado que quero estar.

Durmo, sonho e guardo você no coração.
Lembro das nossas brincadeiras
e de como ao seu lado tudo é diversão.

Você é meu melhor amigo.

Eu te amo, para sempre.

O pelo enrolado e FOFO da gatinha Cacheada é estiloso e incomum.
Mas, às vezes, as coisas se embaraçam e não soltam de jeito nenhum!

Como essa gatinha **CACHEADA** tem a pelagem tão **FRISADA**...

...ELA SENTE QUE NÃO TEM NENHUM GRUPO ONDE SEJA AMADA.

Então, ela sai de sua cesta de fininho, onde sua família de pelos lisinhos está dormindo...

... até que encontra ovelhas cacheadas conversando e sorrindo!

Cacheada pergunta a elas:
— Posso brincar com vocês?
As ovelhas aceitam com um "mééé!".
Mas logo ela se cansa de comer grama.
Preferia um bom filé!

Ela vê um grupo de lhamas e se mistura na manada.

Finalmente, ela se encaixa. É bom ter novas **AMIGAS CACHEADAS!**

Ela seguiu seu novo amigo PELUDO e MACIO e, então, para sua surpresa...

Cacheada corre até não poder mais. Ela quase desiste. Mas, quando vê um cãozinho cacheado, descobre que não é a única que existe!

Olá, Cacheada diz a ele.

Olá, ele diz.

Eles olham um para o outro, e Cacheada não esconde quanto está feliz.

37

O cãozinho tem cachos e curvas no pelo **FOFO** e comprido.
Será que o que ela estava procurando era esse **CACHEADO** amigo?

Eles adoram brincar juntos. Sim, parece que está tudo certinho...
Até que seu amigo diz algo que ela não gosta nem um pouquinho.

— É hora de a gente ir para o banho e tosa. Cacheada fica de queixo caído. Ele a leva para o salão, onde ela ouve um latido.

O CÃO QUE MIA

— Às vezes sou a diferentona — diz Cacheada. — Sim, é verdade.
Mas ainda prefiro que você seja você e eu seja eu,
sem estragar nossa amizade.

Então Cacheada se despede e tenta segurar o choro. Ela limpa as lágrimas...

... e logo descobre um **TESOURO**.

Alguém de cabelo **CACHEADO** aparece na loja logo ao lado.

Ela vai atrás na **PONTA** dos **PÉS**...

... e entra de *fininho* para investigar o achado.

É outro salão!
Ela ouve TESOURAS e um pessoal apressado.
Ela corre, até que alguém exclama...

Eu queria que meu cabelo fosse enrolado!

Ali ela vê uma moça de cabelo brilhoso e alisado.
Agora Cacheada chorava porque tinha se emocionado.

45

Porque, com cabelos lisos ou cacheados, o que vale entre amigas é o **CARINHO.**

Cacheada achou que uma amiga de cabelos **FOFOS** a faria se sentir mais "normal". Só que ela descobriu que, na verdade...

... todo mundo é especial.

A BONDADE DA URSA LILI

A ursa Lili foi à casa do senhor Maneco, uma preguiça, em um dia fechado e chuvoso.
O senhor Maneco suspirou e disse:
— Não consigo dormir quando o dia está frio e meio feioso.

Então Lili tricotou um cobertor para ajudá-lo a dormir mais gostoso.

Quando o senhor Maneco viu, disse:
— Obrigado! — E lhe deu um abraço carinhoso.

Então, a panda Jujuba exclamou do outro lado da rua.
— Meu almoço caiu no rio!
Para alegrá-la, o senhor Maneco fez um bolo de chocolate como ela nunca viu!

Ele bateu, *TOC, TOC*, na porta de Jujuba.
— Ô de casa? — ele exclamou e esperou alguém vir.
Depois voltou para casa, pegou o cobertor e foi dormir.

55

Jujuba ficou muito feliz com o presente gostoso que acabava de receber.

Ela ouviu um...

CLANG!

CATAPLÁS!

... bem quando ia começar a comer.

Olhou por cima da cerca e viu
Dudu, a coruja, consertando o galpão.
— Quer dividir esse bolo comigo? — ofereceu Jujuba,
estendendo a mão.

Mais tarde, Dudu viu a lhama Nalu sentada sozinha.
— Estou entediada — disse ela.
E Dudu sugeriu:
— O que acha de fazermos alguma brincadeirinha?

Então Dudu ensinou um jogo para ela,
e os dois se divertiram um bocado.
— Viu só? — disse ele. — Existe muita coisa para fazer, mesmo
quando o dia está nublado!

Então, da janela, Nalu viu Bambam, a girafa, passar.

— Guarda-chuvas não foram feitos para mim! — ele suspirou, querendo chorar.

Ela fez um guarda-chuva bem alto para ele poder usar!

Bambam disse:
— Ficou perfeito! Agora não vou mais me molhar!

Então Bambam construiu uma piscina interna

para Lola brincar sem se preocupar com nada!

Lola foi ao mercado comprar a sopa de mosquito que era um sonho! Ela parou para conversar com o coelho Janjão, que estava um pouco tristonho.

Lola e Janjão foram mostrar a pintura para Lili. No caminho...

... eles colheram flores lindas com muito carinho.

Lili agradeceu as flores, mas olhou para cima e deu um suspiro.
— Planejei um piquenique para o dia de sol, mas a chuva AINDA não deu um respiro!

Janjão pensou e pensou. Ele disse:
— Já sei o que vou fazer!

Então Lola falou com Bambam...

... que se lembrou de avisar à Nalu e começou a escrever.

Nalu disse para Dudu:
— Por favor, avise a todos e me dê um sinal!

Logo todo mundo (menos Lili) sabia que Janjão tinha um plano especial.

Foram todos para a casa de Lili, pensando em uma festa em grande escala.
Jujuba pendurou bandeirinhas, e o senhor Maneco estendeu a toalha na sala.

O ZOOLÓGICO MÁGICO

Não havia apresentações. Os animais não davam um pio. Quando as pessoas vinham, logo iam embora porque ali tudo era muito frio.

Quando Petúnia foi dormir com os amigos,

apareceu uma criatura. Era um lindo...

Quando os animais acordaram, sabiam que algo havia mudado.

Então olharam em volta e viram um engraçado...

... panda voador, além da girafa com manchas festivas.
A rinoceronte, de pelo cacheado, parecia uma diva!

Cada um deles testou seus poderes nesse novo papel, e Petúnia brilhou tanto como uma estrela no céu.

A girafa Fifi mostrou o novo pelo, fazendo uma dancinha...

... a rinoceronte Tuly fez graça com seu cabelo; o macaco Dido deu uma risadinha.

Mas tinha algo que não iam conseguir esconder, mesmo com muita sorte.
Era Petúnia, que estava sorrindo e brilhando tão forte.

Quando Petúnia achou que seu desejo não ia se realizar, ela parou perto da grade e viu gente começando a espiar.

Quando a multidão foi embora, os animais escutaram algo e foram correndo.
Viram construtores chegando e quiseram saber o que estava acontecendo.

Daquele dia em diante, o zoológico mágico era seu novo lar.
Com a ajuda de um unicórnio colorido, qualquer desejo podia se realizar.

95